Caspar Hoensbroech, 1990 in Aachen geboren, studiert zum Zeitpunkt der Reise in St. Gallen. Ein Auslandssemester führt ihn nach Buenos Aires, wo sich langsam die Idee einer Motorradreise entwickelt.

Caspar Hoensbroech

30 days 8000 km
Südamerika Nov./ Dez. 2013

Ein Reisebericht

1. Auflage April 2016
2. überarbeitete Auflage Juni 2017

Herstellung und Verlag:
BOD – Books on Demand, Norderstedt

© 2017 Caspar Hoensbroech
ISBN: 978-3-7412-6692-8

„I love travelling like this, especially because you're on a bike. People are more caring about it. I think people sense that you're vulnerable to the elements and to danger."

Ewen McGregor, Long Way Down, E06

Prolog

Die Faszination des Motorradreisens liegt für mich in der ganzheitlichen Erfahrung, die erst durch die puristische Art des Reisens ermöglicht wird. Jedem Wind und Wetter ausgesetzt zu sein, jeden Meter der Strecke selbst zurückzulegen, erst dann lernt man ein Land und seine Leute wirklich kennen. Zu spüren, wie die Einheimischen leben und darauf vertrauen zu können, dass sie wissen, was man selbst gerade durchsteht. In einem Moment ist man Herr der Lage, im nächsten den Elementen schonungslos ausgesetzt. Man hofft, für jedes mögliche Szenario gewappnet zu sein und hat doch bloß nur die Dinge bei sich, die man unmittelbar am Motorrad verstauen kann. Habe ich mich öfters verflucht oder beglückwünscht zu dieser Reise? Ich weiß es nicht. Es ist fast egal, solange man den Kontext nicht aus den Augen verliert, denn beides gehört unweigerlich dazu.

Ob es einer dieser Gründe war, der mich zu der Reise bewog, lässt sich im Nachhinein nur schwerlich sagen. Weder hatte ich Erfahrung auf dem Motorrad, noch kannte ich jemanden, der eine ähnliche Reise unternommen hätte. Ich wusste nur, was ich auf dieser Reise nicht suchte. Ich wollte mich nicht im Strom der Touristen treiben lassen, auf ausgetretenen Pfaden Attraktionen besichtigen, die das wahre Südamerika verdecken. Ich erinnere mich an zwei Dinge, die meine Überlegungen damals antrieben: Zum einen die Freiheit, überall halten zu können wo ich wollte. Zum anderen die Möglichkeit, Dinge selbst sehen und erleben zu können.

1
Wie alles begann

9. Nov. 2013, Buenos Aires – Santiago

Ein denkbar schlechter Start bringt die Reise zum Wackeln, noch bevor es überhaupt losgegangen ist. Nach einer durchfeierten Nacht bleibt der Wecker ungehört und ich verschlafe um zwei Stunden. Als ich aufwache ist der Schreck groß, noch 90 Minuten bis zum Abflug. Ich packe in größter Eile meine Sachen zusammen, verabschiede mich hastig von meinem Mitbewohner Maxi und laufe hinunter auf die Straße. Glücklicherweise steht dort direkt ein freies Taxi. Auf dem Weg zum Flughafen fällt mir auf, dass ich in der Eile einiges hab liegen lassen. Unterwäsche wird es auch in Santiago geben. Genau eine Stunde vor Abflug erreiche ich den Flughafen, – müde, wahrscheinlich noch mit gutem Restpegel und in den Klamotten von gestern Nacht, aber ich erwische den Flieger nach Santiago.

Der Flug verläuft ruhig, zumindest für mich. Ich dämmer im Halbschlaf dahin, während wir langsam die Anden überfliegen und sich somit das Kapitel Buenos Aires für mich abschließt. In Santiago angekommen bringt mich ein Bus in die Nähe eines Hostels, welches ich mir schon vorher ausgeguckt habe. Das *La Casa Roja* ist schon von weitem an der tiefroten Fassade zu erkennen. Ein Australier hat sich der ehemaligen Villa aus dem 19. Jahrhundert angenommen und sie zu einem Hostel umgebaut. Nachdem ich etwas zur Ruhe gekommen bin, begebe ich mich für einen kleinen Abstecher in die Innenstadt. Die Altstadt ist recht ansehnlich, sonst ist alles sehr weitläufig und verkehrsbedingt laut. Soweit der erste Eindruck - nach drei wilden Nächten gehe ich heute früh ins Bett.

10. Nov. 2013, Santiago

Nachdem ich lange ausgeschlafen habe, kaufe ich Lebensmittel für die nächsten Tage ein und frühstücke im Garten des Hostels. Pool und Bar laden zum Entspannen ein. Da es Sonntag ist, bleibt mir nicht viel Anderes übrig als die weitere Erkundung der Stadt. Zunächst ziehe ich in Richtung des *Plaza de Armas*, auf welchem die Kathedrale von Santiago steht. Der schwach erleuchtete neoklassistische Bau strahlt ebenso prachtvoll wie düster, welches ihm etwas Mächtiges und zugleich Ruhiges verleiht. Ich gehe weiter in das Museum zur Erinnerung der Menschenrechte, welches sich dem wahrscheinlich dunkelsten Kapitel der Geschichte Chiles widmet, der Diktatur von Pinochet.

Es bleibt ein schaler Nachgeschmack von US-amerikanischer Außenpolitik zurück. Der Tag geht langsam im Hostel mit einem gemütlichen Bierchen zu Ende.

11. Nov. 2013, Santiago

Natürlich ist es nicht bei dem einen Bier geblieben. Joao, mein brasilianischer Zimmernachbar, und ich haben noch die Innen-Bar des Hostels aufgesucht und seinen letzten Abend mit reichlich Bier am Kicker verbracht. Der Barkeeper Simon, ein australischer Lebenskünstler, mittlerweile Großvater und bei gleicher Größe bestimmt nur die Hälfte meines Gewichts, tut sein übriges dazu.

Doch heute ist Montag und so stehe ich früh auf, um den bürokratischen Prozess des Motoradkaufs ins

Rollen zu bringen. Zunächst suche ich das Steueramt auf und besorge mir eine Steuernummer, was erstaunlich schnell und einfach geht. Meinen Nachnamen erkenne ich auf dem Zettel kaum wieder, doch zum Kauf des Motorrads sollte es genügen. Mit der Steuernummer geht es geht gleich weiter zu einem Motoradhändler, den ich mir schon vorab herausgesucht habe. Eigentlich habe ich mich schon längst auf die Honda V-Men 125 festgelegt, und so bleibt es auch bei der Wahl. Einerseits ist sie für mich als Anfänger vom Gewicht und der Leistung her gut zu handhaben, andererseits ist sie ein weitverbreitetes Modell und daher bei eventuellen Problemen den Werkstätten bekannt. Nach einiger Bedenkzeit kaufe ich tatsächlich das Motorrad. Ich kann es gar nicht richtig glauben und eine gewisse Aufregung macht sich in mir breit, denn ab jetzt gibt es für mich keinen Weg zurück mehr.

Das Motorrad kann ich wahrscheinlich morgen schon abholen, und so verbringe ich denn restlichen Tag wohlverdient am Pool. Juan, ein kolumbianischer Barkeeper und ausgesprochen netter Kerl, dreht die Musik an der Pool-Bar ordentlich auf, und so schaue ich in der Hängematte liegend dem Abend entgegen. Ich bekomme zwei neue Zimmernachbarn. An der Innen-Bar lerne ich Rafael, einen Spanier, und Remy, einen Franzose, kennen.

12. Nov. 2013, Santiago

Ich stehe etwas früher auf, um mit Remy und Rafael an einer Stadtführung teilzunehmen. In vier Stunden erkunden wir das Zentrum Santiagos. Wir schauen uns viele Plätze an, auf die es mich schon in den letzten Tagen verschlagen hat. Höhepunkt ist eine alte spanische Abwehranlage, die heute zu einem parkänhlichen Anwesen umgebaut wurde. Sie liegt auf einem hohen Hügel, dem Cerro Santa Lucia, welcher sich mitten im Zentrum erhebt und einen Rundblick auf die Stadt gewährt. Währenddessen hole ich mir einen schönen Sonnenbrand.

Nachdem wir drei wieder im Hostel angekommen sind, mache ich mich auf den Weg zum Motorradhändler. Ich möchte das Motorrad abholen, doch leider läuft es eher den südamerikanischen Weg. Honda hat zu spät geliefert und somit darf ich morgen wiederkommen. In langer Jeans und Lederjacke steige ich bei schönstem Sommerwetter wieder in die U-Bahn Richtung Hostel. Gemütlich geht auch dieser Tag am Pool mit Bier zu Ende. Bei dem einen Bier soll es heute dann auch bleiben.

13. Nov. 2013, Santiago

Ich wache früh auf. Schon jetzt versetzt mich der Gedanke an das Motorrad in vorfreudige Aufregung. Pünktlichst mache ich mich auf den Weg zum Händler und werde nicht enttäuscht. Da steht sie – schwarz glänzend und bereit zur Abfahrt, ein Traum von 125 ccm in leichtem Chopper-Design. Ich besorge mir in umliegenden Geschäften Helm, Schloss, Satteltaschen und Handschuhe und so bin auch ich fertig zur Abfahrt. Nein, ehrlich gesagt habe ich keine Ahnung, wie ich das Teil vor mir bewegen soll. Fernando, ein Mitarbeiter etwa in meinem Alter, schenkt mir seine Mittagspause und bringt mir das Fahren bei. Auf einer abgelegenen Straße fahre ich meine Runden und werde immer weniger wacklig. Als ich einigermaßen vertraut mit allen Funktionen der Maschine bin, stürze ich mich in den Verkehr dieser Großstadt. Leicht abgehetzt erreiche ich das Hostel, an den hektischen Verkehr werde ich mich wohl noch gewöhnen müssen. Mittlerweile ist es auch schon früher Abend.

Ich habe zwei neue Zimmernachbarn, zwei Franzosen. Wir ziehen in die Innenstadt und treffen in einer Bar andere Reisebekanntschaften der Beiden. Zusammen wagen wir uns an *Terre-Moto*, Chiles Nationalgetränk aus Weißwein und Ananaseis im halben Liter, Fernet Branca nicht ganz auszuschließen. So süß es schmeckt, so durchschlagend ist die Wirkung. Nach drei Drinks fühlt sich mein Magen wie zugeklebt an. Es geht weiter in die nächste Bar. Während mich dieses Terre-Moto ganz schläfrig werden lässt, scheinen die Franzosen ihr Glück gefunden zu haben. So begebe ich mich in einem unbeobachteten Moment auf den Rückweg zum Hostel und überlasse den Franzosen ihren Eisweintraum.

14. Nov. 2013, Santiago

Ich ziehe auf der Honda los in Richtung Innenstadt und lenke sie stolz auf die Shoppingmeile aller Motorradfahrer. Dort besorge ich neben den ersten Ersatzteilen auch eine chilenische Flagge, welche an einer zuvor montierten Antenne hisse. Sie überragt mich ein gutes Stück und muss unweigerlich wie das Fähnchen an einem Kinderfahrrad aussehen, ganz unberechtigt ist der Vergleich wohl nicht.

Als ich wieder im Hostel bin, kommen zwei Motorradreisende auf wahrlichen Höllenmaschinen an. Das Hostel wackelt, als sie ihre Maschinen die schmale Rampe hoch auf den Parkplatz jagen. Die Vibration ist so stark, dass die Alarmanlagen der umstehenden Autos aufheulen. Als sich der Staub legt, steigt ein bärtiger Typ, etwa Mitte Fünfzig, von seiner schwarz lackierten Harley-Davidson, deren Sitzbank mit einem abgewetzten Schafsfell bedeckt ist. Der andere Fahrer ist etwas jünger, wohl Anfang Dreißig, und auf einer BWM-Enduro unterwegs. Es sind Steve und Rob, zwei Australier, die in den Staaten losgefahren sind und bis an die Südspitze Südamerikas fahren wollen. Abends an der Bar nutze ich die Chance und wir sprechen über unsere Maschinen und ihre Reise bis hier hin, die sich stark mit meiner überschneidet. Sie geben mir viele Tipps und Tricks rund um das Motorrad. Es wird immer später und später und plötzlich ist es auch schon neun Uhr morgens und ich schaue, dass ich ins Bett komme.

15. Nov. 2013, Santiago – Valparaiso, 110 km

Nach eher kurzem Schlaf fahre ich los in die Stadt um mir ein GPS-fähiges Handy und ein paar Spanngurte zu besorgen. Ich möchte über das Wochenende wegfahren, doch zunächst verbringe ich müde Stunden am Pool des Hostels. Gegen späten Nachmittag packe ich dann meine Sachen und bin bereit für die erste größere Strecke – 110 km nach Valparaiso, das Hostel ist gebucht. Im Sonnenuntergang fahre ich los, schwer bepackt und alles fest verzurrt. Die Strecke ist ein Traum, die Autobahn zieht sich kurvenreich durch die

Hügel in Richtung Meer. Mit wenig Verkehr cruise ich entspannt nach Valparaiso. Die Lederjacke stellt sich als perfekt heraus, sie ist absolut winddicht sodass ich nur ein T-Shirt darunter trage. Im Hostel *Casa Verde Limon* angekommen treffe ich die zwei Terre-Moto-Franzosen wieder. Leicht angestrengt von der ersten längeren Fahrt gehe ich früh schlafen.

16. Nov. 2013, Valparaiso

Endlich erreicht mich die ersehnte Email, ich kann am Montag den Fahrzeugschein des Motorrads abholen. Ich laufe mit den zwei Franzosen durch die Stadt und schaue mir die Wohngegend überhalb des Zentrums sowie ein wenig die Innenstadt an. Tausende Pfade und Treppen schlängeln sich entlang der Hügel, vorbei an bunten, aber stark baufälligen Häusern. Hier und da enden wir in einer Sackgasse, laufen entlang kleinerer und größerer Wege, über Brücken und Mauern.

Abends nehmen mich die Franzosen zu Freunden von ihnen mit, die hier ihr Auslandssemester verbringen. Alternative Franzosen in einer noch alternativeren Bude, Behausung trifft es eher. Alles bunt bemalt, nur zum nötigsten ausgebaut. Natürlich verläuft der Abend größtenteils auf französisch, ich bin froh als es zurück ins Hostel geht.

17. Nov. 2013, Valparaiso – Santiago, 110 km

Das Wetter ist leider nicht gut genug, um wirklich an den Strand gehen zu können; kühl, neblig und bewölkt. Ich nutze die Chance trotzdem, um einen einsamen Strand etwa 20 km südlich von Valparaiso aufzusuchen. Die Straße schlängelt sich die gesamte Stadt hoch, bis ich irgendwann den höchsten Punkt erreiche. Ab dort führt eine wahnsinnig schöne, kurvige Straße mit Panoramablick die andere Seite des Hügels hinunter. Kurz darauf fahre ich von der Straße ab und lege die letzen Kilometer auf Sandpisten und Waldwegen zurück, durch GPS kann ich die richtige Richtung beibehalten. Plötzlich öffnet sich die Landschaft und ich stehe oberhalb einer versteckt gelegenen Bucht, in der sich das Wasser beinahe wie in einem natürlichen Pool staut. Ein kleiner, weißer Sandstrand ist von schwarzen Felsen gesäumt. Das ist der gesuchte Strand, Las Docas!

Der Rückweg nach Santiago ist wetterbedingt nicht so schön wie der Weg nach Valparaiso. Deutlich wärmer angezogen wird es trotzdem recht schnell kühl auf dem Bock. Der Wind fegt so stark von der Seite, dass ich mich richtig hineinlegen muss. Wieder angekommen im La Casa Roja gehe ich früh ins Bett.

18. Nov. 2013, Santiago

Heute stehe ich früh auf, um den Fahrzeugschein abzuholen und das Motorrad auf mich zuzulassen. Auf der Zulassungsstelle habe ich leider Probleme, da der Nachname der Steuernummer nicht mit dem des Fahrzeugscheins übereinstimmt, ich hätte es mir gleich denken können. Langsam wird die Zeit knapp, ich möchte endlich los auf meine richtige Reise. Zurück beim Steueramt wird versucht den Namen im System anzupassen, was vor Ort leider nicht möglich ist. Wieder geht ein Tag verloren.

Abends kommt ein weiterer Motorradreisender, Ben aus den USA, im Hostel an. Es stellt sich heraus, dass er große Teile mit den anderen zwei Reisenden, Steve und Rob, gereist ist. Steve ist mittlerweile weiter Richtung Süden gefahren, wir drei Übrigen bleiben bei Motorradgeschichten an der Bar.

19. Nov. 2013, Santiago

Auf ein Neues gehe ich zum Steueramt. Es scheint sich in der Zwischenzeit nicht viel getan zu haben, doch als ich da bin, läuft alles erstaunlich schnell. Ein Vorgesetzter nimmt sich meiner an und tut, was gestern noch unmöglich schien. Er gleicht meinen Nachnamen an und ich kann endlich auf der Zulassungsstelle das Motorrad auf mich zulassen. Die Nummernschilder lasse ich direkt anbringen. Zurück im Hostel schließe ich eine Motorradversicherung für Chile ab. So bin ich für heute wieder ein gutes Stück vorwärts in meiner Planung gekommen.

Mittlerweile ist es Nachmittag und ich treffe die zwei anderen Biker an der Bar, von welcher sie sich seit dem vorigen Abend nicht wegbewegt haben. Mit all ihrer Motorraderfahrung erstellen sie mir eine Liste von nötigen Werkzeugen und Ersatzteilen. Morgen wollen wir zusammen in Richtung Calle Lira ziehen, eine Straße nur mit Ausrüstung rund um das Motorrad.

Abends gibt es ein Asado, welches jede deutsche Grillsause in den Schatten stellen würde. Bei massig Grillfleisch geht der Abend zu Ende.

20. Nov. 2013, Santiago

Vormittags erhalte ich bei der Gemeindeverwaltung endlich die Fahrerlaubnis, eine Art Zulassungsschein nicht zu verwechseln mit dem Führerschein. Während letzterer personenbezogen ist, ist ersterer eher fahrzeuggebunden. Dies ist das letzte benötigte Dokument und somit liegt der chilenische Behördenjungel erst einmal hinter mir. Das Motorrad darf jetzt offiziell von mir gefahren werden, mittlerweile liegen auch schon über 400 km Strecke hinter mir. Nachmittags gehe ich mit Ben zur Calle Lira und wir decken uns ein mit allem, was wir brauchen. Ich arbeite die am Vortag erstellte Liste ab und sollte nun für jedes Szenario zwischen Reparatur und Instandhaltung gewappnet sein.

Es bricht mein vorerst letzter Abend im La Casa Roja an. Ein englisches Paar aus meinem Zimmer bekocht mich in allen Ehren. Dann geht der Tag langsam, nicht ohne eine leichte Wehmut, dem Ende zu. Ich schaue kurz an der Bar vorbei und bleibe nicht überraschend länger als geplant. Juan und Simon stehen abwechselnd vor und hinter dem Tresen, gerade schnell genug, um sich das Bierchen auch selbst auszuschenken. Wir quatschen gemütlich, doch gegen Mitternacht verschwinde ich im Bett.

2
Von der Pampa in die Puna

21. Nov. 2013, Santiago – Mendoza, 360 km

Endlich beginnt meine eigentliche Reise. Ich stehe früh auf und beginne den Tag bedächtig, eine leichte Anspannung kann ich nicht verleugnen. Nach einem ordentlichen Rührei packe ich meine Sachen auf das Motorrad und verzurre alles fest. Ein Teil von mir sucht nach einem Grund, nicht doch noch zu bleiben; doch wenn ich jetzt nicht losfahre, dann wohl nie. Simon, Ben und Rob verabschieden mich in großer Runde, sie sind mir in den letzten Tagen gute Reisegefährten geworden. Dann rolle ich die Rampe des Parkplatzes hinunter auf die Straße, setze den Blinker links und bin verschwunden.

Als erste Tagesetappe steht die Überquerung der Anden an, eine ordentliche Herausforderung für den ersten Tag. Von Santiago aus komme ich schnell in das Gebirge, die grüne Vegetation wird von einer kargen Felsenlandschaft abgelöst. Die steilen Serpentinen setzen dem Motorrad gut zu, welches stark überhitzt, sodass ich einige Pausen einlegen muss. Ich komme bis auf 3.100 Meter Höhe, es ist ziemlich kalt und dazu sauwindig. Bei stahlblauem Himmel und Sonne erreiche ich fast die Schneegrenze. Die Berge erscheinen majestätisch, sie erstrecken sich bis zum Horizont und sind unglaublich hoch. Kurz hinter dem Pass liegt die Grenze zu Argentinien, es dauert relativ lange bis ich endlich durch kann. Es ist einsam auf der Straße, nur ab und zu kommt mir ein LKW oder einzelne Reisende entgegen. Am Straßenrand sehe ich viele zerfetzte Reifen, dann einen ausgebrannten LKW. Ich fange an zu rechnen, wie weit mich der Tank wohl noch bringen wird, ein Ende der Anden ist noch lange nicht in Sicht. Plötzlich geht der Motor aus und gibt mir die

Antwort schneller als mit lieb ist. Ich öffne den Reservetank und habe somit noch 2 Liter Benzin, mir wird angesichts der riesigen Einöde etwas mulmig. Nach weiteren 30 km erreiche ich endlich ein kleines Dorf mit Tankstelle.

Die Etappe führt mich insgesamt mehr als 100 km durch die Anden, dann nochmal gut 50 km durch deren Ausläufer. Die letzten 150 km verlaufen auf der Autobahn und vergehen recht schnell. Im Licht der untergehenden Sonne erreiche ich Mendoza und frage mich zu einem billigen Hostel durch. Angestrengt von der Fahrt gehe ich früh schlafen.

22. Nov. 2013, Mendoza – Chilecito, 570 km

Nach einem ordentlichen Frühstück ziehe ich los und besorge einen 10 Liter Ersatzkanister, welcher sich noch als äußerst nützlich erweisen sollte. Ich schlage mich zwei Stunden erfolglos mit der Internetprozedur einer argentinischen Versicherung herum und komme deshalb später als geplant los. Auf der Straße habe ich das Gefühl gegrillt zu werden. Nicht nur die Sonne scheint gnadenlos auf mich herunter, auch die Straße strahlt eine wahnsinnige Hitze ab. Nach 150 km muss ich eine Pause in San Juan einlegen. Die Strecke führt mich den ganzen Tag östlich der Anden, zwischen dem Hauptmassiv und einem parallel verlaufenden Ausläufer, entlang. Bis zum Horizont erstreckt sich die argentinische Pampa.

Mein Plan, bis nach La Rioja zu fahren, geht grandios daneben. Laut Karte kann ich die Ruta 40 verlassen und die ganz neu gebaute Ruta 150 nehmen, welche mich direkt nach La Rioja führen soll. Starke Fallwinde fegen die Anden hinunter in das offene Gelände. Der aufwirbelnde Staub schränkt meine Sicht stark ein während ich mich steil in die Seite legen muss, um die Böen abfangen zu können. So kämpfe ich mich in der einsetzenden Dämmerung mühsam vorwärts. Meine Reise wird jäh durch eine Baustelle beendet, welche das vorläufige Ende der Autobahn signalisiert. Das umliegende Gelände ist völlig unwegsam und mittlerweile ist es schon dunkel. Ich muss wohl oder übel einsehen, bei diesem Sandsturm 80 km in eine Sackgasse gefahren zu sein. Gefühlt schon in Sichtweite von La Rioja muss ich umkehren und verliere mehr als zwei Stunden Zeit. Zurück auf der Ruta 40 hätte ich einen neuen Anlauf nehmen können, welcher einen Bogen in den Norden und dann wieder in den Süden schlägt, im Vergleich 200 km zusätzliche Strecke.

Da mein nächstes großes Ziel Salta ist, entschließe ich mich, dem Bogen nördlich nach Chilecito zu folgen und dort zu übernachten. Den Weg in den Süden hätte ich am nächsten Tag wieder hochfahren müssen. Der Weg führt wieder in die ersten Ausläufer der Anden hinein und wird zwischenzeitlich zu einer provisorischen Sand- und Lehmpiste, welche sich durch die Berge schlängelt. Das unwegsame Gelände macht diesen Teil der Tour extrem schwierig. In der Finsternis sehe ich weder was links, noch was rechts von mir liegt. So komme ich im schwachen Schein meines Scheinwerfers nur langsam vorwärts. Ich erreiche Chilecito tief in der Nacht und halte am erstbesten Hostel. Ein verschlafener Wirt öffnet mir die Tür und zeigt mir stumm ein Zimmer.

23. Nov 2013, Chilecito – Salta, 660 km

Nach nur wenigen Stunden Schlaf stehe ich auf und bereite alles für diese große Tagesetappe vor. Dank der angrenzenden Werkstatt meistere ich erfolgreich den ersten Ölwechsel. Die Tagestour verläuft größtenteils auf der Ruta 40, welche entlang der Anden in den Norden verläuft. Mal geht es mehr als 50 km wie mit dem Lineal gezogen, dann wieder kurvig durch kleine Dörfer durch. Zu Beginn ist alles gut ausgebaut und geteert, später werden die Straßenverhältnisse schlechter. Ich erreiche ein Stück von 35 km Sand- und Schotterpiste, welches sehr zeitaufwändig zu durchfahren ist. Zwischendurch wird die Straße von kleinen Flüssen unterbrochen, da hilft es nur die Füße hoch zu nehmen und mitten hindurchzufahren. Vorbeifahrende Fahrzeuge wirbeln viel Staub auf, vor welchem auch das geschlossene Visier nicht schützt. Von diesen Abschnitten haben mir Ben und Rob in Santiago erzählt und ich bin fast stolz, dass ich überall problemlos durchkomme. Zwischendurch ist der Weg so uneben, dass einer meiner Gurte reißt und sich meine Wasservorräte verabschieden. Der Benzinkanister baumelt zum Glück noch an einem anderen Seil, sodass er nicht verloren geht. Die letzten 200 km verlaufen auf der Ruta 68, welche gut ausgebaut ist. Ich komme zügig durch und habe damit meine bis jetzt größte Tagesetappe gemeistert.

24. Nov. 2013, Salta

Nach drei langen Etappen nehme ich mir den heutigen Tag frei und schlafe erst einmal richtig aus. Ich ziehe los und erkunde ein bisschen die Stadt. Für das Salta gemeinhin als schönste Kolonialstadt gilt, hatte ich etwas mehr erwartet. Eigentlich lassen sich nur am Hauptplatz, dem *Plaza de 9 Julio*, und in dessen direkter Umgebung Gebäude aus der Kolonialzeit finden. Dafür sind die Kathedrale und die anderen Gebäude tatsächlich sehr beeindruckend.

Zurück im Hostel bereite ich mich auf die morgige Etappe vor und mache das Motorrad startklar. Ich bin mir noch nicht sicher, wie weit ich es morgen schaffen werde, das wird vom Grenzübergang und den Straßenverhältnissen abhängen. Für ein Abendessen begebe ich mich nochmals auf den Hauptplatz, der zugegebenerweise bei Dunkelheit wirklich sehr schön ist. Die Kathedrale und andere Gebäude werden angestrahlt und leuchten in bunten Farben. Das Glockenläuten ist leider durch ein digitales Geläut ersetzt worden und passt nicht ganz in das Bild. Wenn mich die letzten Tage eins gelehrt haben, dann dass ich früh genug losfahren sollte. Darum geht es auch früh ins Bett. Ich merke zum ersten Mal wie anstrengend das Fahren und die Hitze der letzten drei Tage für mich waren, ich bin ziemlich müde und erschöpft.

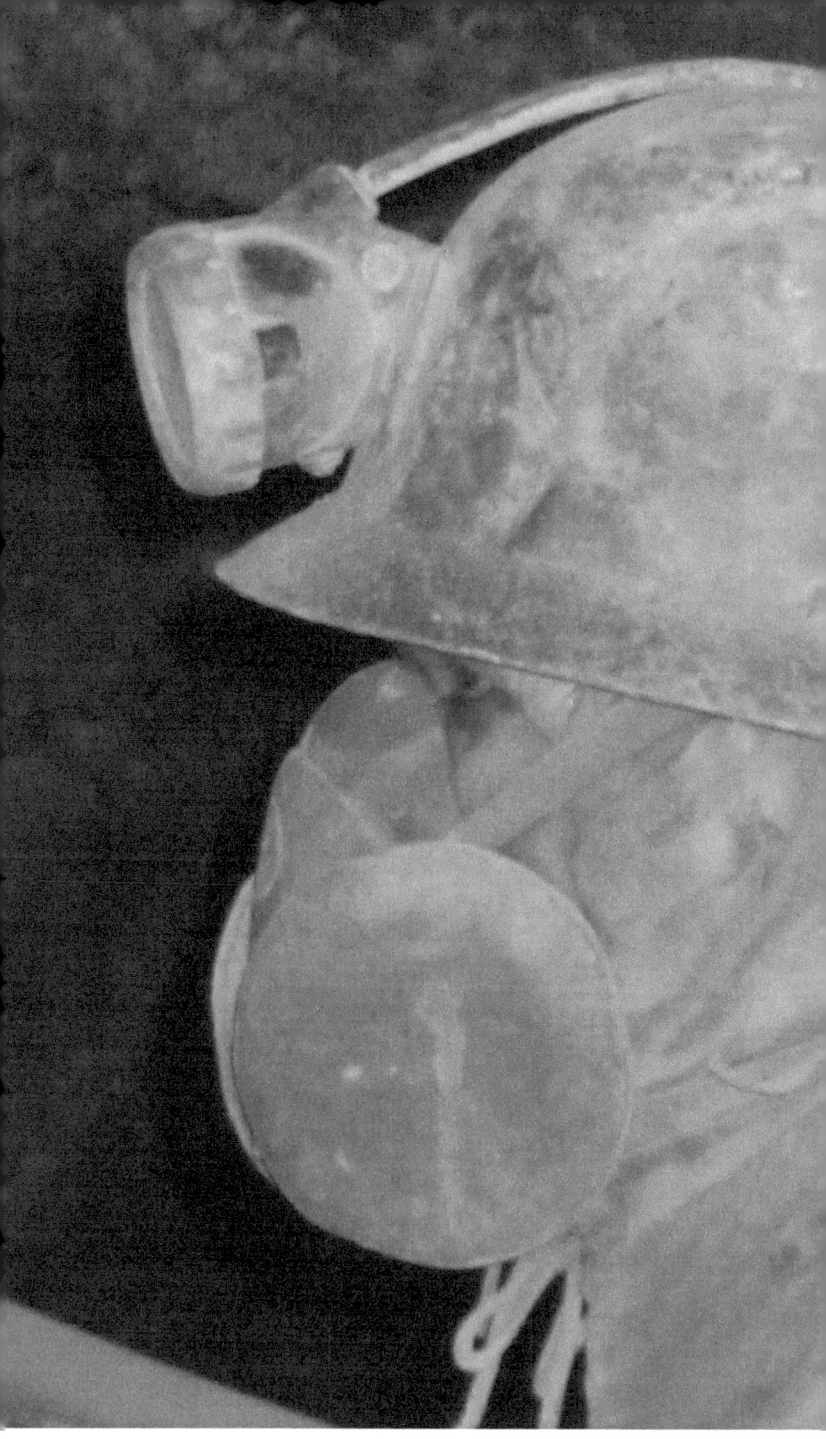

3
Auf dem Altiplano

25. Nov. 2013, Salta – Potosi, 720 km

Ich stehe früh auf, da ich den *Cerro de los Siete Colores*, den Berg der sieben Farben, in Purmamarca bei Sonnenaufgang sehen möchte. Ich fahre bei Dunkelheit los, doch schon bald setzt die Morgendämmerung ein. Der Weg von Salta nach Jujuy ist bis jetzt der wohl kurvenreichste und macht extrem viel Spaß zu fahren. An einem provisorischen Kontrollpunkt versucht ein Polizist mir mit einer fadenscheinigen Begründung eine Strafe aufzubrummen. Ich durchschaue das Spiel natürlich und lasse den Polizisten nicht damit durchkommen. Dieser ist etwas verblüfft und unternimmt keinen weiteren Versuch, ich kann ohne etwas zahlen zu müssen weiterfahren.

Ich erreiche Purmamarca nicht ganz bei Sonnenaufgang, jedoch so dass noch alles im Schatten liegt. Die aufgehende Sonne taucht die Felsen langsam ins Licht und bringt die Farben, cremeweiss bis weinrot, zum leuchten. Je weiter die Sonne steigt, desto beeindruckender wirken die Felsen. Danach bekomme ich in einem Hostel noch ein gutes Frühstück.

Bald überquere ich den Tropico de Capricornio, den südlichen Wendekreis, und fahre dem Zenit der Sonne entgegen. Die Strecke führt mich immer weiter entlang der Ruta 9 langsam hoch auf das Altiplano, dem Hochplateau zwischen den West- und Ostanden. Der Aufstieg wird begleitet durch die Quebrada de Humahuaca, einem Tal, das von bunten Felsen gesäumt wird. Die Felsen leuchten in Ockergelb, Weinrot, Salbeigrün und manchmal mit einem Stich Blau. Im Tal verläuft eine alte Bahntrasse, vermutlich aus der Kolonialzeit. Diese sollte mich noch bis über die Grenze nach Bolivien begleiten. Das Hochplateau führt bis auf 3.800 Meter Höhe und mein Motorrad hat ähnliche Probleme wie vor einigen Tagen noch in den Anden. Die Luft wird dünn und das Motorrad stottert, durch die Steigung überhitzt es und wir machen eine kleine Pause. Die Grenzstädte La Quiaca/ Villazon sind eher uninteressant, sodass ich direkt weiterfahre.

In Bolivien geht es auf der Ruta 14 weiter, zunächst bestimmt 50 km mitten durch das Altiplano. Die Gipfel der Anden schrumpfen zu kleinen Hügeln und die Wolken erscheinen unglaublich nah zu sein, beides zeigt wie hoch sich das Altiplano befindet. Anstatt Rindern leben hier hauptsächlich Lamas, die von den Indios gehalten werden. Es fängt an zu regnen, doch der Wind steht günstig und ich kann aus dem Regen hinausfahren. Dann ändert sich die Landschaft, es geht durch unzählige Berge und Hügel wieder leicht abwärts. Diese sind mal rot, mal gelb und mit Bäumen und Büschen bewachsen. Es trifft meine Vorstellung von Bolivien ziemlich genau. Etwa zwei oder drei Täler vor mir zeichnet sich ein großes Gewitter ab, welches in der Abenddämmerung ein echtes Spektakel ist. Es zieht in die gleiche Richtung wie auch ich weiter, sodass es den Abstand zu mir kontinuierlich beibehält. Ich durchfahre viele Dörfer der Indios, die hauptsächlich aus Lehmhäusern bestehen. Egal wie weit ich vom nächsten Dorf entfernt bin, ich treffe immer wieder Indios zu Fuß an, dazu viele Ziegenherden.

Auf den letzten 100 km geht es tendenziell wieder bergauf Richtung Potosi. Zunächst verläuft alles problemlos, doch irgendwann erreiche ich wieder die kritische Grenze, bei der das Motorrad nicht mehr wirklich weiterfahren will. In der Hoffnung, dass es hinter der nächsten Kurve wieder bergab geht, treibe ich das Motorrad immer höher und höher. Mir macht vor allem die Kälte zu schaffen, ich bin froh dass ich Wollhandschuhe und Schal dabei habe. Die letzten 30 km verlaufen dann bei einer Geschwindigkeit von knapp 20 km/h. Ich habe ernsthaft Sorge, ob mein Motorrad es schaffen wird und überlege umzukehren, doch da zeichnen sich die ersten Lichter der Stadt im Nachthimmel ab. Völlig durchgefroren, Hände und Füße sind taub, erreiche ich Potosi auf 4.000 Metern Höhe bei Mitternacht.

26. Nov. 2013, Potosi

Die Nacht war wie zu erwarten saukalt. Ich bin froh im Hostel zu dem sonst üblichen Bettlaken noch fünf dicke Filzdecken bekommen zu haben. Gegen Mittag scheint die Sonne durch die Fenster und lockt mich in die Stadt. Es ist überraschend mild für dass die Nacht so kalt war. Nach wenigen Minuten merke ich bereits, wie mir die dünne Luft zusetzt. Stark schnaufend laufe ich durch die Gassen der einst so bedeutenden Stadt. Aufgrund der großen Silbervorkommen am Cerro Rico, dem reichen Berg, entwickelte sich Potosi unter spanischer Kolonialherrschaft zu einer der größten Städte der Welt. Als Hauptquelle des spanischen Silbers erreichte sie ihre Blütezeit im 16. und 17. Jahrhundert.

Ich melde mich für eine Tour durch die Bergminen an, in welchen heute noch Silber, Kupfer, Zinn und Blei gefördert werden. In einer Gruppe schauen wir uns zunächst die Verarbeitungsanlagen an, dann geht es zu den Minen. Der Stollen ist circa 1,60 Meter hoch und mit Wasser bedeckt. Er wird schnell niedriger und wärmer, je weiter wir hineingehen. Das Atmen fällt durch die Anstrengung und der stickigen Luft besonders schwer. Es gibt keine Lüftungsanlagen und gestützt sind nur die vorderen Schächte aus der Kolonialzeit. Plötzlich hören wir dumpfe Schläge und spüren Druckwellen, es wird in unserer Nähe mit Dynamit gearbeitet. Der Tio, Teufel, gilt als Gott der Unterwelt und Mineralien, weshalb er von den Minenarbeitern verehrt wird. Sie opfern ihm Alkohol, Zigaretten und Kokablätter, auf dass ihre Adern reich an Mineralien sein mögen. Ab und zu kommen uns einzelne Arbeiter entgegen, völlig verstaubt und verschwitzt. Ich bin froh, als wir auf der anderen Seite des Berges den Ausgang erreichen.

Abends gehe ich in ein Restaurant welches bekannt für seine Pizzen sein soll. Ich bin der einzige Gast, doch die Pizza hält ihr Versprechen. In Gedanken noch tief in den Stollen der Mine gehe ich früh ins Bett.

27. Nov. 2013, Potosi – La Paz, 540 km

Ich habe mich entschieden aus Zeitgründen Cochabamba auszulassen. Stattdessen werde ich direkt nach La Paz fahren und dort einige Tage verbringen. Da La Paz ebenso wie Potosi auf 4.000 Metern Höhe liegt, bringe ich mein Motorrad in eine Werkstatt und lasse den Lufteinlass anpassen. Hätte ich dies schon in Salta getan, ich hätte mir wohl einige unangenehme Momente gespart. Nun schnurrt das Motorrad wieder wie ein Kätzchen, allerdings komme ich dadurch erst später als geplant los.

Als ich losfahre ist es bewölkt und ich rechne damit, dass es früher oder später regnen wird. Der Himmel zieht sich immer weiter zu und es braut sich ein Gewitter zusammen. Eher früher fängt es dann auch an zu regnen; mangels anderer Optionen fahre ich weiter. Der Himmel verdunkelt sich stark obwohl es erst Nachmittag ist und ich sehe, wie ein Blitz nach dem anderen etwa zwei bis drei Täler vor mir niedergeht. Mitten auf dem Altiplano habe ich weder Ausweich- noch Unterstellungsmöglichkeiten, mir bleibt nur die Hoffnung, dass das Gewitter bald vorbeizieht. Doch der Regen wird stärker, wird zu Hagel, und plötzlich gehen die Blitze bei ohrenbetäubendem Donner im Sekundentakt links und rechts von mir auf Sichtweite nieder. Ich bin mitten in das Gewitter geraten. Ich steuere sofort die nächste Lehmhütte an und frage die Indios, ob ich dort ausharren kann. Sie wissen nicht ganz was sie mit mir anfangen sollen, zeigen mir jedoch einen Schuppen in dem ich bleiben kann.

Als es sich langsam aufklärt drücke ich jedem Indio einen Boliviano in die Hand und fahre weiter. Es ist wieder sonnig und hell geworden, doch ich bin ziemlich durchnässt und will möglichst schnell die Strecke hinter mich bringen. In der Abenddämmerung sehe ich zwei weitere Gewitter vor mir. Das eine ist zu meiner rechten Seite und spielt sich innerhalb einer einzigen Wolke ab, das andere ist zu meiner linken Seite. Zum Glück sind beide Gewitter auf großer Entfernung, die Nacht selbst ist sternenklar. Im Licht des kleinen Scheinwerfers kann ich die Hügel vor mir nur grob erahnen, die Vegetation um mich herum nur schemenhaft erkennen. Es scheint mir fast surreal, in dieser einsamen Gegend bei diesem Wetter unterwegs zu sein. Ich muss mich auf mein Gefühl verlassen, während das Motorrad die Arbeit übernimmt. Begleitet von Blitz und Donner trägt es mich immer weiter über das Altiplano, dessen Grenzen mit dem Nachthimmel verschmelzen. Ich fühle mich den Sternen fast näher als den Lichtern der Stadt, als diese langsam am Horizont emporsteigen.

Die Straße ist relativ gut ausgebaut, sodass ich zunächst schnell vorankomme. Auf den letzen 100 km unterbrechen jedoch viele Baustellen die Straße, es folgt eine Umleitung nach der anderen, immer über holprige Schotterpisten. Viermal springt mir die Kette vom Rad, ich muss anhalten und sie wieder aufziehen. Durch die bisherigen Strapazen ist sie stark gedehnt, sodass ich sie bald spannen sollte. Ich bin froh, das Wild Rover Hostel schon gebucht zu haben und nicht erst ein Hostel suchen zu müssen. Frierend und erschöpft erreiche ich es endlich.

28. Nov. 2013, La Paz

Nach dieser Fahrt schlafe ich erst einmal lange aus, bevor ich ausgiebig an der Hostel-Bar frühstücke. Gestärkt nehme ich an einer Stadtführung teil. Es gibt viele, bunte Obstmärkte und einheimische Läden, welche allerlei skurrile Dinge verkaufen. Besonders beeindruckend ist das Gefängnis, welches wie eine eigene Stadt funktioniert, mit eigenen Regeln und eigenen Strukturen. Die Polizei kontrolliert weder was innen vor sich geht, noch ob jemand ausbricht. All das wird durch die Hierarchie der Gefangenen geregelt.

Abends geht es in der Hostel-Bar gut rund. Bei Freigetränken und guter Musik heizen die Kellner die Leute ein. Irgendwann sind wir alle gut bedient. Es steht sogar ein Bus bereit, der uns in den nächsten Club bringt.

29. Nov. 2013, La Paz

Leicht verkatert geht es in die Hostel-Bar zum Frühstück, ich bestelle mir ein gut-gefülltes Omelett. Gestärkt bringe ich mein Motorrad in die nächste Werkstatt für einen generellen Service, morgen kann ich es dann abholen. Ich gehe in die Stadt und mache den "Urban Rush", eine sportliche Variante des Abseilens an der Wand eines Hochhauses, natürlich im Spiderman-Kostüm.

Danach bummel ich durch die Stadt, vorbei an tausend kleinen Läden der Indios. Hier findet man von Lamapullovern bis Liebespulver alles. Mit *Amigo* oder *Joven* laden mich die alten Damen in ihre Geschäfte ein und zeigen mir die erstaunlichsten Dinge. Glücksbringer und Pachamama-Talismane gibt es für jedermann und jegliche Situation. Ich bleibe dann doch lieber bei den Lamapullovern und kaufe einige Mitbringsel. Die Stadt gefällt mir gut, das Zentrum ist übersichtlich, es gibt schöne Plätze und Kirchen.

30. Nov. 2013, La Paz – Juli, 170 km

Der ursprüngliche Plan lautet heute bis nach Cusco zu fahren. Doch da ich das Motorrad erst gegen 12:00 Uhr abholen kann, setze ich mich mit dem Gedanken auseinander einen Zwischenstopp machen zu müssen. Ich komme zunächst gut voran, doch der Grenzübergang nach Peru dauert seine Zeit. Auf bolivianischer Seite spielen die Polizisten dasselbe Spiel wie schon zur Einreise. Zu Fünft erklären sie mir, ich müsste etwas für die Ausreise bezahlen. Da ich keine Bolivianos mehr habe, wollen sie 100 argentinische Pesos, ca 10 US Dollar, von mir einziehen. Doch nach kleinem Verwirrspiel und Zahlendreher gebe ich ihnen stattdessen 500 Chileniche Pesos, etwa 1 US Dollar. Ich bedanke mich herzlichst und schaue, dass ich schnell aus dem Sichtfeld verschwinde. Auf peruanischer Seite empfängt mich das übliche Prozedere: Einreise und Zollbestätigung für das Motorrad. Der Himmel zieht sich plötzlich zu und es fängt wie wahnsinnig an zu regnen. An eine Weiterreise ist nicht zu denken. Die Beamten der Zollbehörde bieten mir an, bei ihnen im Büro zu warten bis das Wetter besser wird. Wir plaudern über Fußball, es läuft gerade ein Spiel im Fernsehen. Einige Male wird es durch Stromausfälle unterbrochen. Sie legen mir nahe, nicht bei der peruanischen Polizei anzuhalten, sondern einfach vorbeizufahren. Ich denke sie spielen ein ähnliches Spiel wie die bolivianische Polizei, doch diesmal ohne mich.

Als der Regen schwächer wird, fahre ich weiter. Tatsächlich winkt mir ein etwas hilflos wirkender Polizist hinterher, als ich die Grenzstation hinter mir lasse. Das aufspritzende Wasser auf der Straße durchnässt mich jedoch völlig, dazu kommt die einsetzende Dunkelheit. Ich entschließe mich nach rund 60 km in einer kleinen Stadt anzuhalten. Die Einheischen sind wahnsinnig hilfsbereit, als ich triefend nass den Weg zum Hauptplatz finde. Einer geht los und holt die Rezeptionistin des nächsten Hostels, ein anderer gibt mir einen heißen Tee aus seinem Straßenstand. Das Gästebuch des Hostels verrät mir, dass ich seit langer Zeit der erste nicht-peruanische Gast bin. Auf den umliegenden Hügeln erkenne ich Überreste von alten Terassenanlagen, welche wohl aus derselben Zeit wie die zerfallenen Gebäude am Hauptplatz stammen. In einem kleinen Restaurant kriege ich noch eine heiße Hühnersuppe als Abendessen serviert. Müde gehe ich früh ins Bett, da ich am nächsten Morgen ebenso früh weiterfahren will. Als ich im Bett liege, höre ich ein leises Trommeln und Flöten vom Hauptplatz, es kann nur ein Fest aus der indigenen Tradition sein. Ich lausche der Musik während ich langsam einschlafe.

4
Im Reich der Inkas

1. Dez. 2013, Juli – Cusco, 470 km

Pünktlich um 8:00 Uhr ist mein Motorrad fertig bepackt und es geht weiter Richtung Cusco. Die Städte Puno und Juliaca passiere ich problemlos. Es ist nichts mehr von den Krawallen und Straßenblockaden der letzten Woche zu sehen. In La Paz wurde ich gewarnt, dass es dort eventuell einige Stunden, viel Geduld und das ein oder andere Scheinchen braucht, um durchzukommen. Ich bin froh, dass dem nicht so ist. Ein gutes Stück weiter sehe ich kurz hinter einem kleinen Dorf eine Menschenversammlung auf der Straße. Ich denke mir, dass dies ein Sonntagsmarkt oder Straßenfest ist und fahre vorsichtig durch. Plötzlich versuchen ein oder zwei Männer, die im Stehen kleiner sind als ich auf dem Motorrad sitzend, mir mit ihren bloßen Händen auf den Helm zu hauen. Die Menge sieht zudem nicht sehr glücklich aus für ein Straßenfest. Auf der anderen Seite sehe ich dann eine lange Schlange von Autos und LKWs, welche nicht durchgelassen werden. Das war dann wohl eher eine Straßenblockade als ein Straßenfest, doch ich bin schon durch.

Die Landschaft ändert sich zusehends. Die Berge zu meiner linken und rechten Seite werden schroffer und kantiger, es erinnert etwas an Schottland. Zudem kreuzen kleine Flüsse den Weg und die Vegetation wird deutlich grüner. Es wachsen jetzt viele Bäume, welche auf den Bergen kleine Waldstücke bilden. Bis jetzt gab es auf dem gesamten Altiplano kaum einen Baum. Im Tal bauen die Indios Pflanzen an in eigens dafür angelegte, durch Mauern getrennte Flächen. Auf den Bergen werden Überreste von Terassen sichtbar, auf welchen wohl ebefalls Pflanzen angebaut wurden.

Sie werden schon lange nicht mehr benutzt, doch die geometrischen Formen sind noch gut zu erkennen.

Der Himmel zieht sich wieder einmal zu, die Regenzeit hat zweifellos begonnen. Über dem höchsten Berg der Umgebung hat sich eine große, fast schwarze Wolke gebildet, aus der es gelegentlich blitzt. Während ich um diesen Berg herumfahre, muss ich unweigerlich an den Schicksalsberg aus der Herr der Ringe denken. Mein Schicksal soll es sein, dass es wie schon am Vortag wie aus Kübeln gießt. Da es nur noch 100 km bis Cusco sind, fahre ich zuversichtlich weiter und genieße die Landschaft, die sich seit Erreichen des Altiplano erstmals stark verändert hat. Ich erreiche Cusco zu gesunder Stunde und fahre zielstrebig zum Wild Rover Hostel, welches glücklicherweise auch ein Bett für mich hat. Ich setze Prioritäten: Erstens das Motorrad sicher unterstellen, zweitens eine heiße Dusche nehmen und drittens einen guten Burger an der Bar des Hostels essen. Glücklich sitze ich in der Bar und bereite die Strecke nach Aguas Calientes, dem letzten Ort vor Machu Picchu, vor. Heute Abend ist Karaoke-Abend in der Bar, dementsprechend geht es gut ab und der Abend wird länger und länger.

2. Dez. 2013, Cusco – Aguas Calientes, 210 km

Dem Vorabend geschuldet geht es erst spät mittags los, doch die heutige Etappe ist von der Strecke her relativ kurz. Beim Frühstück, es gibt wie auch im Wild Rover in La Paz ein herrliches Omelett, bespreche ich noch mit einem Ortskundigen die genaue Strecke. Den Großteil der Strecke fahre ich genau wie die Busse von Cusco aus bis nach Santa Maria. Die Straße ist sehr gut ausgebaut und schlängelt sich durch kleine Dörfer immer höher in die Berge hinauf. Auf die Höhe vorbereitet, trage ich jetzt schon einen Schal und zwei Paar Handschuhe. Die Serpentinen führen mich von der grünen Vegetation in eine karge Felsenlandschaft. Es wird immer kälter und windiger und hätte ich nicht alles mühselig regendicht verpackt, hätte ich mir noch gerne einen zweiten Pullover angezogen. Doch so bleibt mir nichts Anderes übrig als zu hoffen, dass der Pass bald erreicht ist. Die schneebedeckten Gipfel kommen immer näher und dann erreiche ich endlich den Malaga-Pass, welcher auf über 4.300 Metern Höhe liegt. Neuer Rekord sowohl für mich als auch das Motorrad!

Hinter dem Gipfel tauche ich von einer Sekunde auf die nächste in eine Nebelwand ein. Es scheint, als ob sich die Wolken hinter dem Berg angestaut haben und das gesamte Tal füllen. Es hängt sehr viel Wasser in der Luft, ohne dass dieses als Regen fallen würde. In kürzester Zeit bin ich nass und muss zudem mit offenem Visier fahren, um überhaupt etwas sehen zu können. Genauso plötzlich wie ich in den Nebel eingetaucht bin, verlasse ich ihn ab einer bestimmten Höhe wieder. Als ich wieder gute Sicht habe, traue ich meinen Augen kaum, in welcher Landschaft ich gelandet bin. Alles ist grün und dicht bewachsen, zu meinen Seiten bilden Bäume geschlossene Wände. Ich habe das Gefühl, mitten im Regenwald gelandet zu sein. Die Straße schlängelt sich wie schon beim Anstieg durch kleine Dörfer, doch nun gesäumt von Palmen und unterbrochen von kleinen Flüssen. Übung im Durchqueren habe ich!

Ich erreiche Santa Maria relativ zügig. Ab dort führt eine Lehmpiste die letzten 10 bis 15 km bis nach Santa Theresa. Dieser Teil ist ziemlich anspruchsvoll, da er von der einen Seite durch eine steile Felsenwand und von der anderen Seite durch eine Schlucht begrenzt wird. Oft ist die Felsenwand ausgehölt und beugt sich über den Weg. Wieder durchkreuze ich einige Flüsse, welche allerdings breiter und tiefer sind als zuvor. In Santa Theresa angekommen halte ich am erstbesten Hostel und frage, ob ich mein Motorrad unterstellen kann, das geht in Ordnung. Mittlerweile setzt die Abenddämmerung ein. Vor dem Hostel treffe ich Douglas, einen Brasilianer, der genau wie ich noch heute Aguas Calientes am Fuß von Machu Picchu erreichen möchte. Soweit wie möglich lassen wir uns von einem Taxi fahren. Ab Hidroelectrico müssen wir die letzten 12 km entlang der Schienen, der einzigen Verbindung nach Aguas Calientes, laufen. Es ist mittlerweile stockdunkel und wir beide laufen im Schein unserer eher kleinen Lampen mitten durch den Regenwald. Nach ungefähr 2 ½ Stunden erreichen wir Aguas Calientes und suchen uns gleich ein Hostel. In Anbetracht des morgigen Programms geht es früh ins Bett.

3. Dez. 2013, Machu Picchu

Um 4:30 Uhr stehe ich auf. Nach kurzem Frühstück brechen Douglas und ich auf und kaufen unsere Tickets für Machu Picchu. Gegen 6:00 Uhr beginnen wir mit dem Aufstieg. Douglas, ein Fitnessbiest, zeigt mir erbarmungslos, wie wenig Sport ich in der letzten Zeit gemacht habe. Während er munter pfeifend den steilen Weg hochläuft, komme ich stark aus der Puste kaum hinterher. Wir erreichen den Eingang schon nach 40 Minuten, angedacht sind 90, und stellen uns für den Aufstieg nach Wayna Picchu an. Wayna Picchu liegt hinter Machu Picchu und ist deutlich höher, sodass man die ganze Anlage gut überblicken kann. Auch Wayna Picchu erreichen wir in Rekordgeschwindigkeit. Der Blick ist unglaublich. Obwohl Wayna Picchu ziemlich hoch liegt, ist es ringsherum von mindestens genause hohen Bergen eingeschlossen. Dazwischen liegen schluchtenartige Täler, durch welche Flüsse verlaufen. Die Berge sind allesamt sehr spitz und steil, viele bestehen bloß aus Felswänden, welche hunderte Meter hoch sind. Es ist schwierig, die Entfernung zu den anderen Gipfeln einzuschätzen, da sie, obwohl durch tiefe Täler getrennt, relativ nah zusammenliegen.

Machu Picchu selbst ist um einiges größer als ich erwartete. Es ist in zwei Teile unterteilt, ein Teil für die Landwirtschaft und ein Teil für die Stadt. Der landwirtschaftliche Teil besteht aus vielen Terassen, welche wie mit dem Lineal gezogen sind und den Berg von unten nach oben in etwa ein Meter hohe und zwei Meter breite Ebenen unterteilt. Der Teil der eigentlichen Stadt besteht aus vielen Steinhäusern, welche nahezu perfekt erhalten sind. Obwohl die Steine keine einheitliche Form haben, fügen sie sich nahtlos ineinander. Die Häuser sind sehr symetrisch gebaut und haben sowohl Fenster als auch Vorrichtungen für einen Dachstuhl. Manche Häuser sind sogar zweigeschossig. Immer wieder gibt es Tempel zwischen den Häusern. Ein Kanalsystem versorgt heute noch den Großteil der Stadt mit Wasser. Man spürt förmlich, dass hier tatsächlich das Zentrum der Inkas gelegen haben muss.

Ziemlich erschöpft von den ganzen Auf- und Abstiegen machen wir uns mittags auf den Rückweg. Ordentlich durchgeschwitzt freue ich mich auf die Dusche im Hostel. Für einen Besuch der Thermen regnet es leider viel zu stark.

4. Dez. 2013, Aguas Calientes – Cusco, 210 km

Ich stehe früh auf, da ich heute eine ordentliche Strecke zurücklegen möchte. Aufgrund akutem Muskelkater und Regen nehme ich den Zug von Aguas Calientes nach Hidroelectrico, anstatt wie auf dem Hinweg durch den Regenwald zu laufen. Per Sammeltaxi geht es dann nach Santa Theresa, wo ich mein Motorrad abhole und bepacke. Pünktlich um 9:00 Uhr geht es dann los. Leider macht mir die Regenzeit einen Strich durch die Rechnung. Nicht nur, dass es erstaunlich früh anfängt zu regnen, auch die Flüsse sind aufgrund des Regens der letzten Tage deutlich breiter und tiefer geworden. Einmal verschätze ich mich mit der Geschwindigkeit und bleibe mitten im Fluss stehen, ich muss Hose und Schuhe dem Fluss opfern. So bin ich schon auf dem Weg hoch zum Malaga-Pass gut durchnässt. Die letzten Kilometer vor dem Pass sind bis jetzt die ungemütlichsten der ganzen Reise. Auf 4.300 Metern Höhe pfeift mir der Wind um die Ohren und mir wird in den nassen Klamotten eiskalt. Zitternd überquere ich den Pass und beeile mich schnellstmöglich wieder hinunter zu kommen. Unzählige Serpentinen später erreiche ich ein Café und wärme mich mit einem heißen Kaffee auf. Schuhe und

Strümpfe wringe ich bei der Gelegenheit auch aus. Aufgewärmt geht es weiter und ich bin wieder zuversichtlich, heute doch noch eine große Strecke hinter mich bringen zu können. Doch da fängt es wieder an zu regnen und hört nicht auf bis ich Cusco erreiche. Ich entschließe mich für heute den Schlüssel zur Seite zu legen und kehre im mir vertrauten Wild Rover Hostel ein. Nach einer heißen Dusche gibt es ein gutes Sandwich an der Bar.

5. Dez. 2013, Cusco – Nette Indios, ca. 300 km

Wieder einmal stehe ich früh auf, denn ich will heute bis nach Arequipa fahren. Um 7:00 Uhr bin ich fertig bepackt und vollgetankt auf der Straße. Anstatt jedoch in einem großen Bogen gen Osten der 3S zu folgen, will ich eine direkte Route nehmen und mir so die Hälfte der Strecke sparen. Zunächt scheint alles gut zu laufen, ich folge dem ersten Stück der 3S, biege dann auf die 34G ab. Der Weg führt langsam aus dem Reich der Inkas heraus, die Berge werden flacher und weicher in ihrer Form, es geht wieder hinauf auf das Altiplano. Da die Strecke aus Schotter und Lehm besteht, geht es langsamer als gewohnt voran. Ich möchte unbedingt einen Zwischenstop in Chivay machen, um dort den Canyon anschauen zu können. Irgendwann erreiche ich ein Dorf, von dem aus keine vernünftige Piste mehr in meine Richtung führt. Die meisten Dorfbewohner können nichts mit dem Ort Chivay anfangen. Eine Frau, den Mund voller Koka-Blätter, kann noch nicht einmal etwas mit dem Namen Arequipa anfangen. Jemand erklärt mir dann den Weg zu der nächstgrößeren Stadt, Espinar, von der aus eine Ruta Principal nach Arequipa führt. Soweit so gut, ich finde Espinar und auch besagte Hauptstraße. Diese ist allerdings wie befürchtet auch nur eine Lehmpiste und zudem häufig von Baustellen unterbrochen. Es ist bereits Nachmittag und der Himmel zieht sich bedrohlich zu, von Chivay habe ich mich gedanklich bereits verabschiedet. Es fängt an zu regnen, schlimmer noch, ich fahre immer höher auf das Altiplano und der Regen wird bald zu Schnee. Zunächst nur leicht, wird er irgendwann so stark, dass ich auf den ohnehin schon aufgeschwemmten Lehmpisten keine Sicht mehr habe.

Die Profile der Reifen schmieren zu, sodass ich mehr rutsche als fahre. Einmal verbremse ich mich und werde prompt vom Hinterrad überholt. Das Motorrad legt sich zur Seite und ich mich in den Schlamm. Ich kann das Motorrad kaum wiederaufrichten, da die Reifen immer wieder im Schlamm nachgeben. Nach einiger Anstrengung gelingt es mir, doch da offenbart sich das nächste Problem. Durch den Sturz hat sich die Fußraste verbogen und blockiert nun den Kickstarter. Der elektrische Starter funktioniert bereits seit einigen Tagen nicht mehr. Ich schaue mich um und finde einen geeigneten Stein. Mit diesem schlage ich so lange auf die Fußraste, bis sie dem Kickstarter den Weg freigibt. Die Maschine lässt sich wieder starten, doch an eine Weiterfahrt ist wetterbedingt nicht mehr zu denken.

Ich überlege, welche Optionen ich habe: Espinar liegt bereits 90 km hinter mir, eine weitere Stadt ist bislang nicht ausgeschildert. So bleibt mir nichts Anderes übrig, als an der nächsten Lehmhütte anzuhalten und die Indios nach Unterkunft zu fragen. Anfängliches

Misstrauen der Hausfrau schlägt in Gastfreundschaft um, als ich bestätige, ein paar peruanische Soles dabei zu haben. Mir wird eine mit Stroh ausgelegte Lehmhütte, circa 1,5 Meter breit und 2 Meter lang, zugewiesen, in der ich mein Lager aufschlagen kann. Angesichts meiner Situation bin ich wirklich froh über diese Möglichkeit. Ich hole meine Tasche herein, ziehe mir die nassen Klamotten aus und breite die Isomatte aus. Da es ziemlich kalt ist, der Schnee bleibt bis zum nächsten Tag liegen, nehme ich sämtliche trockene Klamotten und ziehe sie mir an oder decke mich damit zu. Gerade als ich mich damit abfinden will, dass die Nacht verdammt kalt wird, klopft es an der Tür. Der Hausherr steht vor der Tür und begrüßt mich mit heissem Tee sowie drei Filzdecken, große Freude! Aufgewärmt und gewappnet für die Nacht kann ich gut einschlafen. Die Nacht verläuft ruhig und ich schlafe besser als gedacht.

6. Dez. 2013, Nette Indios – Arequipa, ca. 220 km

Ich wache durch einen Hahnenruf auf, die Sonne scheint durch die Fenster- und Türspalte zu mir herein. Leicht frierend, der Schnee von gestern Abend liegt noch, mache ich mich fertig zur Weiterfahrt. Als ich der Hausfrau 10 Soles in die Hand drücke, kommt ihr Mann heraus und drückt mir nochmals einen heissen, gutgezuckerten Anistee in die Hand. Aufgrund der Kälte habe ich Angst, dass der Kickstarter nicht funktionieren wird, doch wie durch ein Wunder geht der elektrische Starter wieder und ich kann losfahren.

Es geht weiter auf der gestrigen Lehmpiste, in der Morgensonne trocknet sie jedoch relativ schnell und ich komme gut voran. Ich passiere viele Lamaherden, das ein oder andere Lama muss ich sanft zur Seite hupen. Es kommen wieder viele Baustellen und damit einhergehend Umwege, welche ziemlich holprig sind. Wieder macht die Kette Probleme und springt ab. Beim dritten Mal hole ich fachmännisch mein Werkzeug heraus und mache mich an die Arbeit, sie zu spannen. Das läuft weitestgehend selbsterklärend und ich fahre zufrieden weiter, die Kette springt für den Rest des Tages nicht mehr ab. Nach insgesamt ca. 250 km Schotter- und Lehmpiste in den letzten zwei Tagen erreiche ich endlich wieder eine geteerte Straße. Diese führt mich, zumindest gefühlt, aus dem Altiplano heraus in Richtung Küste. Ein letztes Gewitter versucht mich aufzuhalten, doch Wind und Straßenrichtung führen mich geschickt hindurch. Es geht einige kurvenreiche Hügel hinab, das Wetter klärt auf und es wird deutlich wärmer. So wie ich die letzten zwei Wild Rover Hostel kennengelernt habe, fahre ich in Arequipa zielstrebig auf den Hauptplatz und frage mich von dort aus durch. Tatsächlich, keine drei Häuserblöcke weiter erreiche ich es und checke ein. Das altbekannte Ritual – Motorrad parken, heiß duschen, Burger an der Bar essen – halte ich auch hier streng ein.

Da ich durch die Regenzeit gut drei Tage Zeit verloren habe, muss ich mich leider von Uyuni und der Salzwüste verabschieden. Stattdessen möchte ich an der Pazifikküste bleiben und von dort aus einen Abstecher nach San Pedro de Atacama, dem Ziel nach der Durchquerung der Salzwüste, machen. Der Wetterbericht sieht sowieso nicht gut aus für Uyuni, die Regenzeit hat dieses Jahr sehr früh eingesetzt, und so glaube ich in der Sonne am Pazifik besser aufgehoben zu sein.

7. Dez. 2013, Arequipa – Arica, 430 km

Heute geht es endlich wieder nach Chile! Ich stehe nicht ganz so früh auf wie in den letzten Tagen und lasse auch das Frühstück gut Weile haben. Dann mache ich mich auf den Weg; ich möchte direkt an der Pazifikküste anstatt inlands auf der Ruta 1 fahren. Somit folge ich zunächst der Panamericana Sur, welche mich geradewegs zur Küste nach Mollendo bringt. Der Weg dorthin ähnelt einer Wüstenlandschaft, vielleicht schon Vorbote der Atacama-Wüste. Eine letzte Bergkette trennt mich vom Pazifik, doch über diesen Bergen baut sich eine bedrohliche Wolkenwand auf. Ich überlege umzukehren und doch inlands zu fahren, doch andererseits will ich unbedingt das Meer sehen. Ich fahre durch die Berge und werde für meinen Mut belohnt, die Wolkenwand befindet sich genau über der Bergkette und der letzte Kilometer bis zum Meer liegt wieder unter blauem Himmel. Ich halte in Mollendo für ein Mittagessen am Strand. Mollendo hat den leicht schäbigen Charme einer Küstenstadt, man kann nicht sagen ob sie sich gerade im Aufwind befindet oder die besten Tage bereits hinter sich hat.

Ab dort schlängelt sich der Weg von Dorf zu Dorf entlang des Pazifiks. Besonders in Ilo fühle ich mich durch die Atmosphäre und diverse Kettcar-Ausleihstände an lang vergangene Ferien in De Haan erinnert. Obwohl jede Stadt ein Steuerrad in ihrem

Wappen führt, bleibt der Pazifik bootsfrei. Erst nach bestimmt 100 km sehe ich die ersten Fischkutter auf dem Meer. Die Küste ist mal Sandstrand, mal felsig. Die Wellen sind im Vergleich zu heimischen Meeren ziemlich hoch und brechen laut über die Küste hinein. Auf den letzten Kilometern vor der Grenze muss ich vom Pazifik ein Stück landinwärts auf die Ruta 1 wechseln, um den Grenzübergang zu erwischen. Dies ist leichter gesagt als getan, denn die gut geteerte Straße ist mittlerweile zur Sandpiste verkommen. So schlängel ich mich ein gutes Stück im Zick-Zack durch die in den Dünen angelegten Felder, per GPS auf die Ruta 1 zielend. Sand ist bis jetzt der schwierigste Grund auf dem ich gefahren bin, man rutscht sehr schnell weg, doch ich halte mich wacker.

An der Grenze selbst dauert es ewig, sicher zwei Stunden. Nach unzähligen Schaltern und Kontrollen kann ich endlich durchfahren. Da Chile zudem zwei Stunden vor Peru liegt, entschließe ich mich im nahen Arica ein Hostel aufzusuchen.

5
Durch die Atacama

8. Dez. 2013, Arica – Iquique, 310 km

Ich lasse mich von der Zeitverschiebung nicht beeinflussen und stehe somit etwas später als sonst auf. Beim Frühstück erfahre ich vom Besitzer des Hostels, dass es nach Iquique keine Strecke am Meer gibt. Somit muss ich inlands der Ruta 5 folgen, was ich auch tue. Östlich ist soweit das Auge reicht Wüste, westlich lässt sich die Bergkette ausmachen, hinter welcher der Pazifik liegt. Es ist ziemlich heiß und die Sonne scheint erbarmungslos vom stahlblauen Himmel. Ab und zu liegt ein Autowrack am Straßenrand. Räder und alles, was sonst noch abmontierbar ist, fehlt. Dazu kommt ein starker Wind, der mich in einzelnen Böen hin und her schaukelt. Plötzlich sehe ich etwa einen Kilometer vor mir eine riesige sandaufwirbelnde Windhose, welche von rechts nach links die Straße kreuzt. Dort angekommen sehe ich zu meiner linken Seite bestimmt zehn weitere Windhosen, welche Sandsäulen in die Luft ziehen. Die Eintönigkeit der Wüste und der Straße selbst, welche in weiten Teilen wie mit dem Lineal gezogen verläuft, sind ermüdend, sodass ich froh bin als ich am Nachmittag Iquique erreiche.

Im Backpackers Hostel, der Lonely Planet Empfehlung, ist ein Bett für mich frei. Ich schmeisse meine Sachen in das Zimmer und mache mich direkt fertig für den Strand, welcher gegenüber dem Hostel liegt. Man kann sich vor lauthals anpreisenden Verkäufern gar nicht retten, sodass ich mich bald mit Cola und Pizza auf einer Liege am Strand wiederfinde. Dort geht der Tag herrlich entspannt dem Ende zu.

Abends mache ich einen Strandspaziergang und hole mir von einer Bude etwas zu essen. Leicht erkältet durch das schlechte Wetter der letzten Tage gehe ich nicht zu spät ins Bett.

9. Dez. 2013, Iquique – San Pedro, 490 km

Nach dem herrlichen Strandtag habe ich es heute morgen auch nicht zu eilig. Gegen 10:00 Uhr bin ich auf der Straße. Die Strecke verläuft direkt in das Landesinnere, zum größten Teil auf der Ruta 5. Ich bin von Wüste umgeben, streckenweise fast nur Sand, dann wieder felsig. Die Temperaturen steigen schnell an, sodass ich mich nach kurzer Zeit von Schal und Pullover, der morgendlichen Frische gewidmet, entledige. Ich merke wie mir die Hitze zusetzt, ich muss viele Pausen zum Trinken und allgemeinen Abkühlen einlegen. Die Landschaft gestaltet sich als sehr monoton, man kann kilometerweit sehen und der seltene Gegenverkehr kündigt sich schon von Weitem durch Luftspiegelungen auf der heissen Straße an. Einzig und allein die Ausschau nach der nächsten Tankstelle macht die Sache spannend. In Iquique vollgetankt sehe ich lange keine Tankstelle mehr, geschweige denn überhaupt ein Dorf. Eine Tankfüllung reicht grob für eine Reichweite von 300 km, so werde ich trotz ein paar Ersatzliter im Kanister etwas nervös, als ich mich der 300 km-Marke langsam nähere. Ich entschließe mich, die Situation als Experiment der tatsächlichen Reichweite aufzufassen, und fahre munter weiter. Nach weiteren 50 km kommt plötzlich mitten aus dem Nirgendwo eine Tankstelle und beendet vorzeitig das Experiment. Die restlichen Kilometer vergehen dafür umso schneller.

Auf den letzten Kilometern nach San Pedro de Atacama wandelt sich plötzlich die Landschaft und ich durchfahre ein flaches, weitläufiges Tal mit skurillen Felsformationen. Es ist das Valle de la Luna, das Tal des Mondes. In San Pedro angekommen, frage ich mich zum Hosteling Internacional durch, ein Tipp von der Straße. Es macht einen guten Eindruck und somit bleibe ich hier. Ich buche direkt zwei Trips für morgen und erkunde dann etwas das Dorf. San Pedro ist ein Dorf mitten in der Wüste, hauptsächlich aus gut gebauten und soliden Lehmhäusern. Die Atmospäre ist sehr ruhig und entspannt, ganz anders als in den bisherigen Städten. Entlang der Hauptstraße, welche man nur zu Fuß begehen darf, gibt es viele gemütliche Restaurants und Geschäfte, ohne dass man dauernd angesprochen wird.

10. Dez. 2013, San Pedro

Die erste Tour geht zu den *Tatio Geysiren*, den höchstgelegenen Geysiren der Welt. Zwischen 4:00 und 5:00 Uhr morgens soll ich mich bereithalten abgeholt zu werden, dies geschieht dann auch. Die Fahrt zu den Geysiren dauert 90 Minuten und wir kommen in der Morgendämmerung an. Auf 4.320 Metern Höhe ist es mit -3 Grad Celsius recht kühl. Im Licht der aufgehenden Sonne leuchten die Dampffontänen der Geysire auf. Es gibt sie dort in allen Größen; Kleine, aus denen nur etwas Wasserdampf emporsteigt und Große, aus welchen kochendes Wasser laut sprotzend hervorsprudelt. Wie die Sonne aufsteigt wird auch mir zum

Glück wärmer. Derweil baut der Tourführer ein Frühstück auf, welches, verglichen mit den anderen Touren vor Ort, einmalig gut ist. Wir werden mit frisch auf der Herdplatte gebackenen Käse-Schinken-Toasts und Pfannekuchen versorgt. Dazu gibt es einen Instantkaffee, der ganz in Ordnung ist. Mittags kommen wir wieder zurück.

Die zweite Tour geht nachmittags um 16:00 Uhr los und führt zu der Cejar Lagune sowie zu den *Ojos del Salar*, den Augen der Wüste. Die Cejar-Lagune hat ein Salzgehalt von 50% und bei recht überschaubarer Größe eine Tiefe von 40 Metern. Grund zur Sorge besteht jedoch nicht, durch den hohen Salzgehalt treibt man mehr auf dem Wasser als im Wasser. Immer wieder versuche ich zu tauchen oder mich an den Felsen des Grundes ins Wasser zu ziehen, um dem Wind der Wüste zu entkommen, doch es klappt nicht. Als ich das Wasser verlasse, bildet sich sofort eine dicke Salzkruste auf der Haut. Die Augen der Wüste sind kleine Seen, etwa 20 Meter im Durchmesser, deren Oberflächen jedoch 2 Meter tief im Boden liegen. Sie werden durch unterirdische Ströme mit dem Wasser der umliegenden Berge gespeist. Neben zwei dieser Seen erstreckt sich ein weiterer, großer Salzsee, welcher beinahe komplett ausgetrocknet ist und eine dicke Schicht Salz auf dem Boden hinterlässt. In diesem Panorama bereitet der Tourführer zum Sonnenuntergang eine Cocktailstunde vor. Bei Pisco-Sour taucht das Licht der Untergehenden Sonne die umliegenden Berge und die Wüste noch einmal in ein kräftiges Rot und Orange.

Zurück im Hostel dusche ich mir erst einmal das ganze Salz vom Körper. Danach gehe ich mit drei anderen Teilnehmern der Tour Abendessen. In einem kleinen, gemütlichen Restaurant haben wir einen lustigen und entspannten Abend. Müde von dem Tag und im Hinblick auf die nächste Tagestour bleibt es bei dem einen Restaurant.

11. Dez. 2013, San Pedro – Bahia Inglesa, 810 km

Heute möchte ich eine große Strecke hinter mich bringen, um die letzten Tage dann in Ruhe am Strand des Pazifiks verbringen zu können. Im Idealfall habe ich mir den Strandort Bahia Inglesa vorgenommen, welcher mir oft empfohlen wurde. Um einen guten Start in den Tag zu erwischen, stehe ich früh auf, sodass ich um 6:30 Uhr San Pedro bereits hinter mir gelassen habe. Trotz der langen und diesmal wirklich sehr monotonen Strecke fliegen die Kilometer nur so vorbei. Nach 150 km halte ich an einer Truckerspelunke für ein Frühstück an und bekomme ein ordentliches Rührei. Bald darauf muss ich einen Abstecher an die Küste nach Antofagasta machen, da das Benzin wieder knapp wird und Antofagasta vorerst der letzte Ort ist. Die Stadt ist nicht sehr schön, ein Mix aus Küstenort und Industriestadt. Nach weiteren 250 km halte ich wieder an einer dieser Spelunken, welche oft einfach am Rand der Fahrbahn auftauchen, für ein Mittagessen an. Ich kriege eine Suppe und ein Stück Fleisch, etwas anderes hatte ich eigentlich auch nicht mehr erwartet. Egal wie groß die Menüs außen an der Restaurantfassade sind, es gibt immer nur ein Tagesgericht und dieses ist immer Suppe mit Fleisch. Mit gut gefülltem Magen vergehen so insgesamt 600 km in wüstenähnlicher Umgebung recht schnell.

Die folgenden 100 km führen mich dann vom Landesinneren wieder an die Küste und ziehen sich entsprechend meiner Vorfreude ziemlich in die Länge. Ich mache eine erste landschaftliche Beobachtung heute, der Sand wechselt seine Farbe von rot auf gelb je weiter ich in den Süden fahre. Die letzten 100 km verlaufen direkt am Pazifik entlang, leider bei ziemlich bewölktem Himmel. Gerade noch im Hellen erreiche ich dann endlich Bahia Inglesa, das maximale Tagesziel ist somit erreicht! Für die außerordentliche Länge der Strecke gibt es heute erstaunlich wenig zu berichten.

Bahia Inglesa ist ein kleines Dorf mit wenigen Häusern und noch wenigeren Unterkünften. Ein Hotel ist ausgebucht, ein Hostel wurde geschlossen, die zwei übrigen Hotels sind gleich teuer, wenn auch zu teuer. Ich suche mir das gemütlichere der beiden Hotels aus und checke für zwei Nächte ein. Das Hotel Nautel ist ein sehr kleines, schönes Hotel direkt am Strand. Der Außenbereich sieht mit Lounge-Möbeln und offener Bar sehr entspannt aus.

6
Entlang des Pazifiks

12. Dez. 2013, Bahia Inglesa

Nach der langen Fahrt von gestern schlafe ich erst einmal lange aus. Als ich zur Bar in den Außenbereich gehe, begegne ich der Hotelbesitzerin, dir mir alles in der Bar und Küche frei zur Verfügung stellt. Fabio, der mir zunächst als Koch vorgestellt wird, ist mehr als Hausmeister unterwegs und hält die Küche sauber. Er sieht etwas skurril aus in seinem Muskelshirt und Lederboots, zu welchen er Küchenschürze und Kappe mit Nackenschutz trägt. Nachdem ich mir ein großes Frühstück gemacht habe, frühstücke ich an der Bar mit Blick auf das 20 Meter entfernte Meer.

Noch ist es bewölkt, doch der Himmel klärt sich schnell auf. Als die Sonne dann scheint, gehe ich an den Strand und verbringe dort mit Dosenbier und Eis den Großteil des Tages. Das hellblaue Wasser ist durch die Strömung aus der Antarktis bedingt saukalt, sodass man immer nur für eine kurze Weile schwimmen gehen kann. Der Strand selbst ist schneeweiß und wird von schwarzen Felsen in kleine Abschnitte geteilt. Da die Hauptsaison noch nicht begonnen hat, ist der Strand relativ leer, obwohl er als einer der schönsten in Chile gilt. Der Tag verläuft sehr entspannt. Abends gehe ich in ein Restaurant an der Strandpromenade, auch hier ist nicht viel los. Der Ort scheint sich gerade erst auf die Hauptsaison vorzubereiten.

13. Dez. 2013, Bahia Inglesa – La Serena, 450 km

Ich bin hier richtig zum Frühstücks-Mensch geworden. Da die heutige Strecke gut überschaubar ist, schlafe ich wieder aus. An der Bar bereite ich mir wieder ein großes Frühstück vor. Mit Kaffee, Orangensaft, Rührei und Toasts setze ich mich wie gestern an die Bar und genieße den Blick auf das Meer. Dann muss ich langsam meine Sachen zusammenpacken und das Motorrad startklar machen.

Die erste Hälfte der Strecke fahre ich direkt am Meer entlang. Hier komme ich an vielen einsamen Stränden und Buchten vorbei, von welchen jede einzelne ein Besuch wert gewesen wäre. Bevor es wieder in das Landesinnere auf die Ruta 5 geht, halte ich im letzten Küstenort Huasco für ein Mittagessen an. Als ich auf die Ruta 5 komme, merke ich, dass ich mittlerweile die Wüste verlassen habe. Der endlose Sand ist einigen Bäumen und Pflanzen gewichen, welche nun die Landschaft bestimmen. Der kühle Wind vom Meer macht zudem die Hitze gut erträglich.

Die Ruta 5 ist in sehr gutem Zustand, sodass ich schon am späten Nachmittag La Serena erreiche. Von einem Café aus suche ich mir den Weg in das vorher ausgekundschaftete Hostel El Arbol. Das Hostel wird von einer Chilenin geführt und hat eine sehr familiäre und gemütliche Atmosphäre, das Haus war wohl mal ein Einfamilienhaus. Hier werde ich die nächsten zwei Nächte bleiben.

14. Dez. 2013, La Serena

Ich schaue mir kurz das Motorrad an, die Kette hängt wieder durch und springt gerne mal ab. Eine Spannschraube der Kette ist hinüber, ich ziehe los und besorge mir eine neue in einer Werkstatt. Ich spanne die Kette und öle sie, damit ist die Kiste wieder startklar. Danach ziehe ich los in die Innenstadt und finde direkt einen Markt, welchen ich später erst als Weihnachtsmarkt erkenne. Dort finde ich endlich einen guten Stand mit typisch-südamerikanischen Gürteln und decke mich damit ein.

Nachmittags gehe ich zum Strand, welcher allerdings bei weitem nicht so schön wie der in Bahia Inglesa ist. Ziemlich groß und sehr breit, Hochhäuser und Hotels direkt dahintergesetzt, dazwischen noch eine große Straße. Es fehlt irgendwie die typische Strand-Atmosphäre, es gibt keine Liegestühle oder Sonnenschirme, dafür stehen Überreste von Gebäuden direkt auf dem Strand. Ich bleibe nicht besonders lange, da ich sowieso einen guten Sonnenbrand aus den vorherigen Tagen habe.

Abends sitze ich mit den anderen Reisenden aus dem Hostel in gemütlicher Runde am Esszimmertisch. Zwei warten auf ihre Busse, welche erst nach Mitternacht abfahren. Dann mache ich mich auch auf den Weg ins Bett.

15. Dez. 2013, La Serena – Santiago, 480 km

Heute steht die letzte Etappe der eigentlichen Reise an. Ich schlafe aus, frühstücke gemütlich, und packe dann meine Sachen zusammen. Fast andächtig und ein bisschen wehmütig setze ich mich auf das Motorrad und begebe mich auf den Weg. Leider ist es bewölkt und dadurch etwas kühl, sodass ich schon bald für eine Mittagspause anhalte. Ein letztes mal Trucker-Spelunke, ein letztes mal Suppe und Hühnchen.

Diesmal ist sogar ein verkochter Fisch in der Suppe, besonders grauselig. Wie jedes mal bestelle ich danach einen Kaffee mit Milch, nur um zu erfahren, dass es auch hier keine Milch gibt. Sie haben nicht einmal Milchpulver, welches mir sonst gerne in einem Schälchen als Milch hingestellt wird.

Immerhin aufgewärmt begebe ich mich wieder auf die Straße, um die letzten 300 km zu bestreiten. Irgendwann bricht der Himmel auf und die Sonne kommt doch noch heraus, meine letzte Etappe zeigt sich mir gnädig zum Abschied. In Santiago angekommen fahre ich direkt zum Hostel La Casa Roja, in welchem ich bereits vor dem Start der Reise ein Bett gebucht habe. Juan, Jonathan und Simon stehen alle draußen, als ich wie damals zum ersten Mal die Rampe hochgebrettert komme. Die Freude ist allseits groß und sie gratulieren mir zu dem, was ich hinter mich gebracht habe. Ich setze mich erstmals mit einem Bier in die Runde. Juan hat auch heute wieder gekocht und so bin auch ich versorgt.

16. Dez. 2013, Santiago

Ich stehe einigermaßen früh auf, denn heute muss ich das Motorrad verkaufen. Ich habe auf einer meiner Internetanzeigen eine Antwort bekommen, doch ich möchte noch einen besseren Preis bekommen. Das Motorrad groß beklebt mit Verkaufsanzeigen zu beiden Seiten fahre ich auf die Calle Lira, in der Hoffnung dort einen Käufer zu finden. Während das Motorrad gut plaziert steht, klappere ich sämtliche Motorradhändler ab. Leider ist kein einziger dabei, der gebrauchte Motorräder verkaufen oder ankaufen würde. Somit bleibe ich bei dem Angebot über die Internetseite und sage zu. Morgen früh wollen wir den Papierkram erledigen. Den restlichen Tag verlebe ich im Garten des Casa Roja bei einem kühlen Bierchen in der Hängematte.

17. Dez. 2013, Santiago

Der Käufer kommt erst deutlich später als vereinbart zur Zulassungsstelle. Als er da ist, müssen wir noch lange warten, bis wir endlich dran sind. Dann erlebe ich den Höhepunkt der Bürokratie, weil das Datum auf dem Kaufvertrag nicht gut lesbar ist, kann das Motorrad nicht übertragen werden. Die Zeit drückt und alles argumentieren hilft nichts, die Beamten bleiben beamtisch. Wir suchen einen Notar auf, in der Hoffnung, dort einen Kaufvertrag erlangen zu können. Aus irgendeinem Grund, das Datum-Problem scheint wohl im System gespeichert zu sein, funktioniert auch dies nicht. Ich muss wohl oder übel zurück zum Händler und dort einen neuen Kaufvertrag holen. Meinen Flug nach Buenos Aires kann ich somit vergessen. Etwas geschlaucht durch diese ganze sinnlose Aktion komme ich wieder im Hostel an und darf erneut einchecken. Mein Flug lässt sich nicht mehr umbuchen, er verfällt und ich muss einen Neuen buchen. Das heutige Fazit: Danke für Nichts.

18. Dez. 2013, Santiago – Buenos Aires

Ich treffe mich wieder mit dem Interessenten und wieder suchen wir die Registrierstelle auf. Trotz neuem und gut lesbarem Vertrag kommen wir nicht besonders weit. Die Richtigstellung im System dauere erstmal einige Zeit, die ich leider nicht habe. Der Interessent verabschiedet sich und ich begebe mich wieder in das Hostel. Im Hostel angekommen überlege ich lange, wie ich das Motorrad bis zum Nachmittag noch loswerden könnte. Simon kommt mir entgegen und ich drücke ihm die Schlüssel in die Hand. Für ihn und das Motorrad ist es sicherlich das Beste. Sein Glück kaum fassend sichert er mir zu, mir sobald er könne etwas dafür zu zahlen. Nur halb überzeugt bin ich gespannt, was daraus wird. Ich breche auf zum Flughafen und es geht zurück nach Buenos Aires, den Helm als Andenken im Gepäck.

Epilog

In Buenos Aires angekommen laufe ich instinktiv in meine alte Nachbarschaft. Nach einigen Anläufen finde ich ein freies Hotelzimmer. Abends suche ich eine Bar auf, die ich während des Auslandssemesters gerne besuchte. Doch es ist nicht mehr dasselbe, die Stadt scheint mir über die letzten Wochen fremd geworden zu sein. Vielleicht bin auch ich nicht mehr derselbe, ich habe in den letzten Wochen so viel so intensiv erlebt. Es ist niemand mehr hier aus meinem Auslandssemester und auch in mir überwiegt das Gefühl, wieder zu Hause sein zu müssen. Am nächsten Tag geht mein Flug nach Frankfurt.

Innerhalb von 48 Stunden wird aus mir, dem Motorradfahrer in Südamerika, wieder der Student in Deutschland. Ein schneller Wandel zwischen drei Flughäfen, vielleicht etwas zu schnell. Doch ich bin auch glücklich, all das fallen zu lassen und nach insgesamt fünf Monaten in Südamerika wieder zu Hause zu sein. Alles Erlebte, jede Begegnung, jeder Moment der Anstrengung und des Hochgefühls, liegen zu diesem Zeitpunkt schon so weit hinter mir. Es sind über 8.000 km geworden, die ich begleitet von Hitze, Staub, Regen und Kälte durch Südamerika zurückgelegt habe. Eine ganze Weile werden mich noch eine taube rechte Schulter und ein tauber Hintern an diese Reise erinnern.

Doch was ist über die Jahre von der Reise geblieben? Mit Sicherheit die Begeistung für das Motorradfahren, nein, für das Motorradreisen. Nur mit dem nötigsten Gepäck loszuziehen, die Straße und das Gelände unter den Reifen zu spüren. Von Zeit zu Zeit den Regen im

Gesicht stehen zu haben und offen für das Unerwartete zu sein. Diese Offenheit gegenüber den Einheimischen und ihrem Land gab mir stets ein tiefes Grundvertrauen, dass, egal wie vage die Idee ist, es auf dem einen oder anderen Weg schon nach Plan laufen wird.

Tatsächlich mache ich eineinhalb Jahre später meinen Motorradführerschein in Deutschland. Es geht auf den Sommer zu, der Bachelor und diverse Praktika sind abgeschlossen. Mein Bruder Jacob und ich planen eine große Reise über den Sommer, möglichst lange und weit soll es gehen. Dieses Mal sind wir die zwei Kerle auf ihren Höllenmaschinen. Wie auch damals sind wir auf dem Weg ins Unbekannte, um dem Unerwarteten zu begegnen. Doch das ist eine andere Geschichte, die Geschichte der *two weary travelers*.

Anhang

a. Schritte zum Kauf eines Motorrads in Chile

	Schritt	Dokument	Ort
1	Steuernummer	RUT	Steuerbehörde
2	Kauf		Fahrzeughändler
3	Rechnung	Factura	Fahrzeughändler
4	Fahrzeugbrief	Homologacio	Fahrzeughändler
5	Fahrzeugschein	Primera inscripcion	Kfz-Zulassungsstelle
6	Versicherungsbescheinigung	Seguro obligatorio	Online
7	Zulassungsbescheinigung	Permiso de circulation	Gemeindeverwaltung

- Zur Vermeidung von Problemen sollten Vor- und Nachname auf allen Dokumenten identisch geschrieben sein
- Wenn ein Motorradführerschein verlangt wurde, reichte stets der deutsche Autoführerschein aus
- Die chilenische Versicherung reichte auch für andere Länder aus, da Zeitraum und Bereich der Gültigkeit nicht explizit ausgeschrieben waren
- Man kann aus Chile nur ausreisen, wenn das Fahrzeug auf den eigenen Namen zugelassen ist
- Zolldokumente wurden an jedem Grenzübergang verlangt und an der jeweiligen Grenze ausgestellt

b.   Motorrad und Ausstattung

Marke:	Honda
Modell:	V-Men 125
Typ:	Kleine Chopper
Hubraum:	124 ccm
Leistung:	11,4 PS
Gewicht:	133 kg
Tankgröße:	12 l

Zusatzausstattung:
- Handyhalter
- USB-Steckdose
- Satteltaschen
- Spanngurte
- Benzinkanister

Ersatzteile:
- Birne Frontscheinwerfer
- Zündkerzen
- Schläuche
- Kette

Wartung:
- Schraubenschlüssel Set
- Rohrzange
- Luftfilterreiniger
- Luftfilteröl
- Kabelbinder
- Klebeband

c. Distanz der Reise

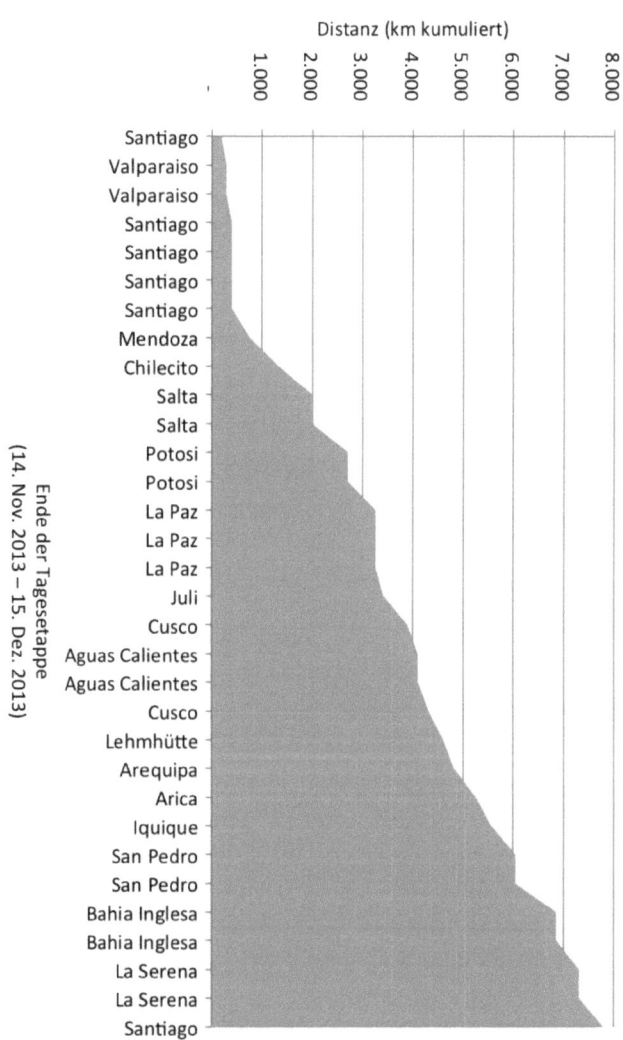

d. Höhenprofil der Reise

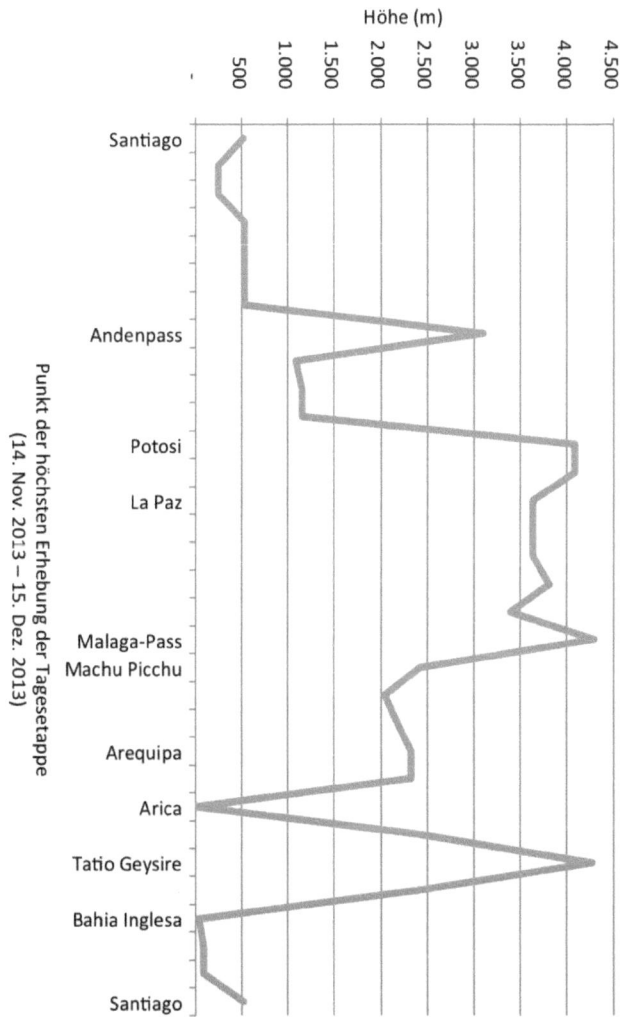